eビジネス新書

No.415

週刊東洋経済

“生保選[illegible]常識”

生保 最新事情

日本生命 NISSAY
第一生命
明治安田生命
住友生命
朝日生命
フコク生命
Gibraltar ジブラルタ生命
太陽生命
大樹生命
ソニー生命
AXA アクサ生命
Prudential
MetLife メットライフ生命
DAIDO 大同生命
Manulife マニュライフ生命

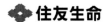

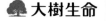

週刊東洋経済 eビジネス新書 No.415

生保　最新事情

本書は、東洋経済新報社刊『週刊東洋経済』２０２２年２月２６日号より抜粋、加筆修正のうえ制作しています。情報は底本編集当時のものです。（標準読了時間　９０分）

生保　最新事情　目次

公的保険にプラスオン

保険商品　最強見直し術

日本国内で生命保険の契約件数がどれだけあるか知っているだろうか。

生命保険協会によると、その数は実に約1億9000万件。契約者を20歳以上とすると、1人当たり2件の契約を持っている計算だ。

時に、日本国民は「オーバーインシュアランス（過剰な保険契約）」ではないかと、海外から指摘されることがある。米国などに比べて公的保険制度がずっと充実しているにもかかわらず、万が一のときへの不安から、民間の生命保険に依存する傾向が強いからだろう。

家計の負担を考え、いざ生命保険の契約を見直そうとしても、そうした特有の国民性や意識が邪魔をすることにもなっている。

そうした状況を踏まえて、生命保険会社の経営を監督する金融庁は、市場の健全な成長に向けて、２０２１年から金融商品としての生命保険の位置づけを改めて国民に示し始めている。

それは、民間の生命保険は、あくまで「公的保険（制度）を補完する」ものということだ。

２１年末に金融庁が改定した保険会社向けの監督指針では、「公的保険制度等に関する適切な情報提供を行うことによって、顧客が自らの抱えるリスクやそれに応じた保障の必要性を理解したうえで、その意向に沿って保険契約の締結がなされることが図られているか、という点などを監督上の着眼点として明確化する」としている。

金融庁がここまでするのには、理由がある。生命保険業界の一部で、「万が一重い病気になったときに、高額の医療費を本当に支払えますか」などと、顧客の不安をあおる営業が横行してしまっているのだ。

実は、その「あおり営業」をあろうことか社会保障制度に明るい国会議員に行ったことがきっかけとなり、今回のような監督指針の見直しにつながった経緯がある。

ある金融庁幹部は「いわゆる公助の部分の説明をすっ飛ばして、不安をあおりながら自助のための生命保険商品を売り込むのは、もってのほかだ」と指摘する。

金融庁は22年春にも、公的保険制度についてわかりやすく解説したウェブサイトを作成する予定で、国民に理解を深めてもらう活動に力を注ぐ方針だ。


ここで実際に、公的保険制度によってどのような保障が受けられるのか、確認していこう。


【老齢年金】65歳から老後の生活を支えるために支給される年金。厚生年金、国民年金、共済年金など。

【遺族年金】会社員や年金受給者などの死亡で、残された家族に給付される年金（死亡保障）。

【医療保険】企業の健康保険組合、協会けんぽ、国民健康保険、共済組合など（高額療養費制度、傷病手当金など）。

【障害年金】病気やケガなどによって障害の状態になったとき、生活を支えるために支給される年金（就業不能保障）。

【介護保険】所定の要介護（要支援）状態になったとき、介護サービスを1割の自己負担で利用できる。

このように、日本にはさまざまな公的保障があるが、中でも真っ先に知っておきたいのは「高額療養費制度」だ。

仮にがんと診断されて入院することになり、100万円の医療費がかかったとしよう。現役の会社員であれば、自己負担3割で30万円を支払う必要があると思うかもしれないが、そうではない。

年収にもよるが、高額療養費制度によって、自己負担額は15万円など本来の半分程度の水準に抑えることができるのだ。

10万~20万円程度の臨時的な出費に備えるため、毎月数千円、年間で数万円の保険料を支払って、生命保険会社の医療保険に入ることに、疑問を感じる人がいても何らおかしくはない。

入院した場合は個室で療養したい、先進技術による治療を受けたいといった希望があれば、公的保障では賄いきれない。そのときに初めて民間の医療保険への加入を考える、というスタンスで十分ともいえる。

その一方で、ここ数年はコロナ禍によって健康不安への意識が高まっている。

例えば実際に陽性者となったとき、自宅療養であっても入院扱いとして保険金が出たことで、民間の医療保険の恩恵を感じた人は少なくないはずだ。公的保険に上乗せする形で、自分のニーズを満たせるのはどんな商品なのか。家計の実情を踏まえて、じっくりと考えてみてほしい。

生保各社も良商品を選出

次章からは、医療保険をはじめ、がん、引受基準緩和型、就業不能、認知症保険という、一般の関心が高い5大商品を取り上げる。

本誌では、保険に詳しいファイナンシャルプランナーや保険代理店関係者16人に加えて、生命保険会社16社（後述）に、2022年1月から2月にかけて商品アンケートを実施。「審査員」として、保障内容が優れている、コストパフォーマンスがよいといった観点で5大商品それぞれについて、1位と2位の商品を選定してもらった。

1位の商品は5点、2位の商品は3点とし、合計得点の高い上位5商品をランキング表にして掲載している。

また公平性の観点から、生命保険会社には自社グループ以外の商品を選定してもらっている。日夜、商品開発に頭を悩ませる生命保険の最前線にいる人の意見を反映させているため、既存の商品ランキングとは一味違ったものになっているはずだ。

ぜひとも今後の契約の見直し、商品選びの参考にしてほしい。

（注）商品ランキング選出者・社（32名：敬称略、五十音順）

◆ファイナンシャルプランナー・保険代理店関係者
生越由美（トータス・ウィンズ取締役）
尾田直美（スィッピー代表取締役）
古鉄恵美子（ファイナンシャルプランナー、CFPR）
高橋聡美（保険相談センター）
竹下さくら（ファイナンシャルプランナー）
竹鼻信之（FPタケハナ代表取締役）

田中香津奈（かづなFP社労士事務所代表）
豊田眞弓（ファイナンシャルプランナー、オールアバウトガイド）
深野康彦（ファイナンシャルプランナー）
福島えみ子（ファイナンシャルプランナー）
古川悦子（ファイナンシャルプランナー）
本間弘明（お客様相談室代表取締役）
松浦建二（CFPR、オールアバウト医療保険ガイド）
森田直子（保険ジャーナリスト）
山口京子（ファイナンシャルプランナー）
山本俊成（ファイナンシャル・マネジメント代表）

◆生命保険各社
アクサ生命
朝日生命
SBI生命

オリックス生命
住友生命
ソニー生命
SOMPOひまわり生命
第一生命
太陽生命
チューリッヒ生命
東京海上日動あんしん生命
日本生命
三井住友海上あいおい生命
明治安田生命
メットライフ生命
ライフネット生命

（中村正毅）

【医療・がん・引受基準緩和型保険】同質化で価格競争突入

年間1700万件もの新規契約が生み出される生命保険業界。中でも医療保険は同319万件と、全体の2割近くを占める主力商品だ。

生保各社が〝レッドオーシャン〟と口をそろえるほど商品の開発競争が激しく、人気商品が目まぐるしく入れ替わる分野でもある。

では早速、医療保険のランキングから見ていきたい（前述、保険のプロ32人によるおすすめ商品の選出）。

1位を獲得したのは、住友生命傘下のメディケア生命「新メディフィットA（エース）」。2020年4月に8年ぶりに全面改定した商品だ。

＼メディケアが大躍進／

医療保険ランキング

順位	得点	商品名	保険会社名
1位	54	新メディフィットA（エース） 選出者コメント 保険料が割安で、特約の種類も豊富／募集代理店のニーズをくみ上げ、保障範囲や引受基準の緩和を突き詰めている	メディケア生命
2位	42	My Flexi（マイ フレキシィ） 選出者コメント 主契約を「入院一時金型」「日数連動型」など複数から選べる／保障範囲が広く、とくに若年層の保険料には価格競争力がある	MetLife メットライフ生命
3位	25	&LIFE 新医療保険A（エース）プレミア 選出者コメント 保険料払い込み免除特約の支払い条件がシンプルで緩い／一律5日分の入院給付金に加えて、通院関連の保障が充実している	MS&AD 三井住友海上あいおい生命
4位	21	FWD医療	FWD insurance FWD生命
5位	13	EVER Prime（エバー プライム）	Aflac アフラック生命

医療保険トップ5商品比較

＼保障内容に大差なし／

	1位	2位	3位	4位	5位
保険会社名	メディケア生命	メットライフ生命	三井住友海上あいおい生命	FWD生命	アフラック生命
商品名	新メディフィットA（エース）	My Flexi（マイ フレキシィ）	&LIFE 新医療保険A（エース）プレミア	FWD医療	EVER Prime（エバー プライム）
1回の入院保障限度日数	30日／60日／120日	60日／120日／730日	30日／60日／120日	30日／60日／120日	60日／120日
通算入院限度日数	1095日	1000日	1095日	1095日	1095日
入院日数無制限特約・特則	3大疾病、8大疾病	3大疾病、8大疾病	8大疾病	3大疾病、8大疾病	3大疾病
手術入院の給付金倍率（2型）	入院日額×10倍、20倍、50倍	入院日額×10倍	入院日額×20倍	入院日額×10倍	—
3大疾病保険料免除特約の上皮内がんへの適用	○	○	×	○	×

（出所）取材を基に東洋経済作成

商品の保障内容に目新しさがあるわけではない。競合他社の保障範囲や内容を徹底的に調べ上げ、入院一時金や通院、手術時の給付金など、どの保障項目を取っても他社に見劣りしない内容に改定したのが特徴である。

あえて他社との差異化のポイントを挙げるとすれば、先進医療特約の中に「患者申出療養」が含まれている点。患者申出療養とは、主治医と相談しながら、患者の申し出に応じ未承認薬などを使用し治療・療養に当たるもので、費用について一定の条件で保障する。

新メディフィットAは、このランキングには登場していないが、はなさく生命の医療保険と保障内容が近い。

はなさく生命は日本生命の傘下で、2019年4月に開業した新しい保険会社だ。同年には、はなさく生命が医療保険で一気に契約件数を積み上げている。その躍進ぶりを見て、心中穏やかでなかったメディケア生命は、開業10年の節目もあって対抗商品を投入した。

新メディフィットAは価格競争力も高い。30代男性ではライトプラン（入院日額

5000円など）という保障内容で、保険料は月1200円を切る水準。そうした点が幅広い顧客に支持されている。それまで医療保険の新規契約件数でメディケア生命はトップ10にも入っていなかったが、20年度は急伸し2位に躍り出ている。

各社の医療保険の保障内容が同質化する中で、競争軸は保険料という価格に移り始めている。各社とも利益を削るような消耗戦に今後突入しそうだ。

22年1月にはFWD生命が新商品「FWD医療」（ランキング4位）を投入しているほか、かつて医療保険ランキングでつねに上位だったオリックス生命も4月に新商品「キュア・ネクスト（CURE Next）」の発売を予定している。

オリックス生命としては、実に8年ぶりの全面改定となる。保険料は従来比で最大200円超も下げており、契約シェア奪回に向けた強い意気込みがうかがえる。

ポイントは入院一時金

医療保険は大手4社（日本生命、第一生命、明治安田生命、住友生命）の比較も参考になる。

医療保険ランキング上位勢の商品と比べて、大手4社の商品は保険料が高いことから、一般的に「コスパが悪い」とされている。

大手4社 医療保険（一時金タイプ）比較

＼第一生命がやや優位／

保険会社名	日本生命	第一生命	明治安田生命	住友生命
商品名	NEW in 1 入院総合保険	総合医療 一時金保険	一時金給付型 終身医療保険	ドクターGO （総合医療特約＋ 入院保障充実特約）
入院一時金最高額	40万円	50万円	20万円	30万円
入院一時金 支払い回数	4回型	1、2、4回型	5回型	1回型
入院時手術給付金	なし	入院給付金額×10%、50%	入院給付金額×50%	入院日額×10倍
外来時手術給付金	入院給付金額×10%	入院給付金額×10%	入院給付金額×50%	入院日額×5倍
死亡給付金	×	○	×	×
健康増進機能付加 （主契約）	×	○	○	○

（出所）取材を基に東洋経済作成

にもかかわらず、20年度の新契約件数でトップとなったのは、業界最大手の日本生命だ。保有契約件数においても、大手4社は全体の4割を占めており、実際に読者にも契約者が多いと思われる。

比較のポイントとなるのは入院一時金だ。厚生労働省の「患者調査」によると、病気などで入院した人のうち58%が10日以内に退院しているという。

医療技術の進歩もあり、年々入院日数が短期化する中、「入院日数×5000円」というタイプの医療保険だと、保障として十分でないという人もいるだろう。そのため現在は日帰り入院から数十万円の一時金を一気に払うタイプの医療保険が人気を集めている。

日本生命(日生)と第一生命(第一)の医療保険は、入院一時金を主軸に置いた商品だ。日生が19年4月発売で先行しており、第一が21年1月に対抗商品を出している。後発商品のほうが保障内容はよいため、現状では第一優位という状況である。

今回は一時金タイプの医療保険で大手4社を比較したが、明治安田生命は診療報酬点数を基にした医療費の実額保障に、住友生命は健康増進サービス「バイタリティ」

と組み合わせた医療保険の販売に、それぞれ力を注いでいる。各社の特色を踏まえながら、自分に合った医療保険を検討してほしい。

自由診療の支払いにも

次にがん保険を見ていこう。加入を考える前に押さえておきたいのは、やはり健康保険など公的保障の部分である。

がんになった場合、治療にかかる費用はおおむね100万円前後とされるが、公的保障の高額療養費制度を活用すれば、10万円前後の自己負担で済む場合がある。

それを踏まえると、大部屋ではなく差額ベッド代を支払って個室で過ごしたい、重粒子線治療などの先進医療を受けたいなどという希望があり、その費用をがん保険で賄いたいという場合などに加入すればよい。

＼メットライフの圧勝／

引受基準緩和型保険ランキング

順位	得点	商品名	保険会社名
1位	92	My Flexi Gold (マイ フレキシィ ゴールド) 選出者コメント 入院一時金型や入院日額型などから保障タイプを選択できる／手術入院給付金の倍率が高いプランもある／保険料の価格競争力が高い	MetLife メットライフ生命
2位	31	メディフィットRe (リリーフ) 選出者コメント 支払い削減期間がなく保障内容がシンプルでわかりやすい／3大疾病の入院保障や死亡保障などもニーズに応じて選択できる	メディケア生命
3位	27	CURE Support Plus (キュア・サポート・プラス) 選出者コメント 保障内容の手厚さと保険料の割安さのバランスが優れている／特約で一時金給付や死亡保障を付加できる	ORIX オリックス生命
4位	25	メディカルKit エール	東京海上日動あんしん生命
5位	24	ネオdeいりょう 健康プロモート	ネオファースト生命

＼チューリッヒに軍配／

がん保険ランキング

順位	得点	商品名	保険会社名
1位	60	終身ガン治療保険プレミアムZ 選出者コメント 割安な保険料で、自由診療の対象となる抗がん剤治療に給付金が出る／特約で通院治療の保障も幅広くカバーできる	ZURICH チューリッヒ生命
2位	55	FWDがんベスト・ゴールド 選出者コメント 最高300万円のがん診断給付金が訴求力／自由診療にも最大3000万円まで実額保障している	FWD Insurance FWD生命
3位	43	健康をサポートするがん保険 勇気のお守り 選出者コメント がんの保障開始までの契約当初3カ月間は保険料が発生しない／非喫煙者などの優良体割引がある	SOMPOひまわり生命
4位	20	生きるためのがん保険 Days1	Aflac アフラック生命
5位	16	あんしん がん治療保険	東京海上日動あんしん生命

ランキング首位のチューリッヒ生命「終身ガン治療保険プレミアムZ」は、割安な保険料ながら、自由診療の対象となる抗がん剤治療にも手厚い保障をしていることが支持されている。

一方、引受基準緩和型保険は、持病があり、通常の医療保険に加入できない人向けの保険だ。当然ながら保険料は通常の医療保険よりもかなり高くなってしまう。ランキング1位のメットライフ生命「マイ フレキシィ ゴールド(My Flexi Gold)」は、入院日額などの手厚い保障と保険料の安さを両立させている点が高い評価を受けている。

かつて第3分野とよくいわれた医療保険やがん保険も、世帯加入率が高まって今や競争は激化する一方。ランキングや比較表を今後の賢い商品選びの参考にしていただきたい。

(中村正毅)

月々わずか数百円の保険料で最大2000万円保障

先進医療特約の不都合な真実

医療保険やがん保険などに、オプションとしてつけることができる「先進医療特約」。最大で2000万円までの費用について、月数百円の保険料で保障する特約が多く、その負担の軽さから加入を考える人は多い。

先進医療は、厚生労働省が指定する新たな医療技術だ。既存の技術に比べて効果があるのかどうかを、確認している段階にある。そのため、先進医療にかかった費用は100%自己負担となる。時に数百万円と高額になる費用に備えるための保険が、先進医療特約だ。

保険料が安い本当の理由

保険料が数百円と安いのは、先進医療の対象として指定されている医療技術が元々少なく、したがって実施件数も少ないからだ。

陽子線・重粒子線とも減少傾向
—先進医療の年間治療金額と合計件数—

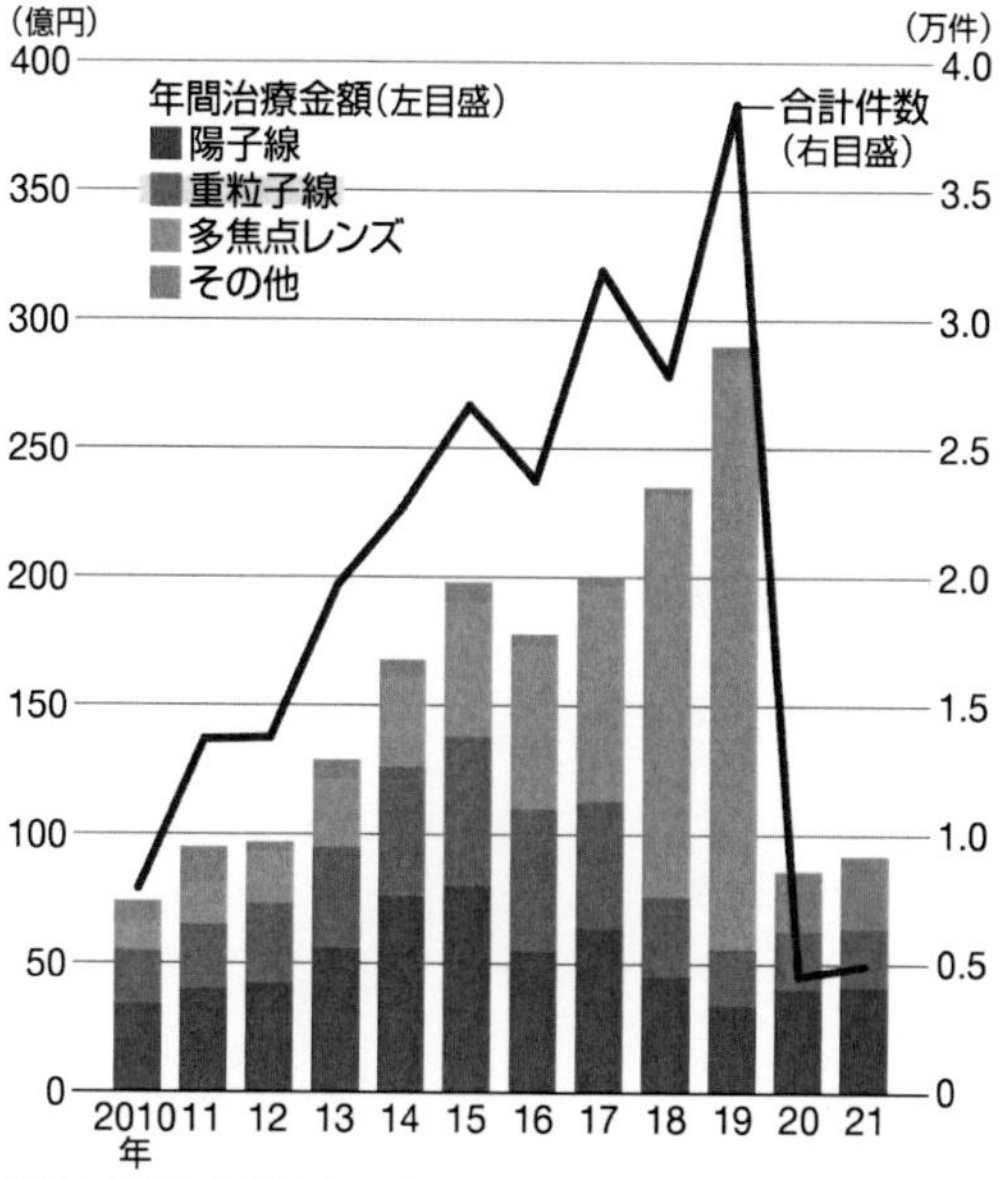

(注)各6月期。先進医療Aの実施金額・件数
(出所)厚生労働省「先進医療Aに係る費用」を基に東洋経済作成

先のグラフにあるように、2019年度までは大半が白内障手術のうち先進医療の「多焦点眼内レンズ水晶体再建術」だった。白く濁った水晶体を破砕し、人工レンズを入れる手術で、現在は先進医療の指定から除外されている。

焦点が1つの「単焦点レンズ」は健康保険の対象だ。両眼で20万円弱の手術費用は、3割負担者なら約6万円で足りる。ところが、多焦点レンズは健康保険が適用されず、2焦点なら税込みで50万～100万円、3焦点なら同70万～130万円程度もかかる。

多焦点レンズをめぐっては、10年代後半に、〝金儲けの道具〟として同特約を多数契約するケースも目立った。

関西大学・笹本幸祐教授の論文「先進医療特約と重大事由に基づく解約」からは、その実態が垣間見える。

論文によると、ある契約者A（45）は先進医療特約のついた保険契約を9社と結んだ。17年のことだ。加入は11月に集中していた。

18年3月に眼科を受診。白内障と診断され、多焦点レンズ手術を受け、Aは2つの保険会社から計300万円強の給付金を手にした。

こうした多重契約は生保各社で発生。中でも標的とされたのがSOMPOひまわり生命の「リンククロス コインズ」だった。臓器移植や先進医療に特化した医療保険で、保険料は月500円と割安だ。

リンククロスは16年に投入されたが、多焦点レンズの請求が想定以上に多かったため、販売から2年で白内障を保障対象から外している。

厚労省が先進医療から多焦点レンズを除外したのは、2020年4月だ。

「財政負担を軽減したい厚労省は、単焦点レンズで十分と判断。多焦点レンズは財布に余裕のある人向けのものと見なされた」（医療統計に詳しい長浜バイオ大学の永田宏教授）からだという。

それに伴い、多くの保険会社が多焦点レンズを先進医療特約の対象から除外した、というのが大きな流れだ。

1回の治療で税込み300万円前後かかる陽子線や重粒子線の先進医療についても、

実施は減少傾向にある。１６年に小児がん、１８年に前立腺がんや頭頸部がん、骨がんの陽子線・重粒子線治療が保険適用になり、先進医療ではなくなった影響も大きい。
永田教授は「陽子線・重粒子線は現在、肺がんや胃がんに用いられるが、治療効果は既存の手術と大差がない」と指摘する。医師が陽子線や重粒子線の先進医療を選ぶ積極的な理由はないというのが実態だ。用途が限られる現状を踏まえながら、先進医療特約の要不要を判断すべきだ。

（山田雄一郎）

【就業不能・認知症保険】条件緩和で加入広がる

病気やケガによる長期療養で働けなくなったときの収入減少に備えるのが、就業不能保険である。

個別商品を比較検討する前に押さえておきたいのが、会社員や公務員の健康保険で支給される傷病手当金。給料（標準報酬月額）の3分の2が最長1年6カ月間支給される。その公的保障では不安だったり不十分だったりする場合に、就業不能保険を考えればよい。

会社員と違い、自営業者やフリーランスが加入する国民健康保険は、傷病手当金の制度がない。万が一のセーフティーネットとして加入を考える人が多いとされる。

\ SBIが首位 /

就業不能保険ランキング

順位	得点	商品名	保険会社名
1位	50	働く人のたより 選出者コメント 給付金額を本来の半額にし保険料を抑える「ハーフタイプ」があり40歳以下の保険料が割安／専業主婦（夫）も加入できる	SBI生命
2位	44	働けないときの安心 選出者コメント 給付金額を本来の半額にし保険料を抑える「ハーフタイプ」があり全体的に保険料が割安／在宅療養の対象範囲が広い	アクサダイレクト生命
3位	31	&LIFE くらしの応援ほけん 選出者コメント 通常60日間の就業不能状態の継続という免責期間がないのが特徴的／要介護1の状態になると年金が出る	MS&AD 三井住友海上あいおい生命
4位	27	あんしん就業不能保障保険	東京海上日動あんしん生命
5位	15	就業不能保険	第一生命

就業不能保険トップ5商品比較

\ 60日間の「免責」で差 /

	1位	2位	3位	4位	5位
保険会社名	SBI生命	アクサダイレクト生命	三井住友海上あいおい生命	東京海上日動あんしん生命	第一生命
商品名	働く人のたより	働けないときの安心	&LIFE くらしの応援ほけん	あんしん就業不能保障保険	就業不能保険
免責期間	60日間	60日間	なし	60日間（5疾病）	30日間
月額給付金額	5万～50万円	5万～50万円	5万～10万円	5万～50万円	5万～50万円
ハーフタイプ	○	○	×	×	×
短期就業不能給付金	なし	なし	なし	5疾病入院初期給付金	14日継続給付金月額×50%
最低支払保証期間	なし	なし	1年、2年、5年	2年、5年	なし
公的保障に連動した給付（障害年金等級）	×	1～2級	1～2級	1～2級	×

（出所）取材を基に東洋経済作成

就業不能保険ランキングで1位となったSBI生命「働く人のたより」は、保険料の割安さでプロの支持を集めた。保険料は30代で月2000円前後。同様の保障内容の他社商品より200～300円程度割安だ。毎月の給付金額を半額にし保険料を低くするハーフタイプもあり、傷病手当金がある会社員などにとってはこちらのほうが使い勝手がよいだろう。

長期療養というと、がんなどの重い病気を想像しがちだが、実は60日以上働けなくなる原因として最も多いのは、うつ病などの精神疾患だという調査データがある。就業不能保険の多くは、そうした精神疾患による就業不能についても保障しているのが特徴だ。

ただ、SBIをはじめ、60日以上の就業不能期間を給付金の支払い条件にしている商品がまだ多いというのが実情である。

厚生労働省の調べでは、病気による平均入院日数は29日。年々短期化する中、在宅療養する場合であっても60日以上という条件は、ハードルが高い。

そうした点を踏まえ、14日以上の入院や在宅療養から給付金を出すようハードルを下げたのが、第一生命の「就業不能保険」。短期就業不能給付金として、設定した給付金月額の50％を受け取れる。

大手では日本生命も、「収 NEW 1」として2021年7月から似た保障内容で販売しており、両社で競い合っている状況だ。

大手4社 就業不能保険比較 ＼日生が新商品で対抗／

保険会社名	日本生命	第一生命	明治安田生命	住友生命
商品名	**収 NEW 1**	**就業不能保険**	**給与・家計 サポート特約**	**生活障害 収入保障特約**
発売時期	2021年7月	19年9月	18年6月	15年10月
給付事由日数	14日(所定の入院)	14日(入院または在宅療養)	30日(入院または在宅療養)	障害年金1級・2級 相当の状態
在宅療養の定義	—	公的医療保険に連動	公的医療保険に連動	—
契約年齢範囲	15~75歳	15~65歳	20~55歳	3~75歳
月額給付金額	5万~20万円	5万~50万円	10万~20万円	年金タイプ
精神疾患の保障	○	○	○	障害年金1級・2級
介護保障	—	—	—	要介護2相当以上

(出所)取材を基に東洋経済作成

認知症保険ランキング ＼ひまわり生命が勝利／

順位	得点	商品名	保険会社名
1位	78	笑顔をまもる認知症保険 選出者コメント 顧客ニーズに沿って4項目の簡単な告知で加入できる／特約で軽度認知障害（MCI）にも一時金で対応している	SOMPOひまわり生命
2位	50	ひまわり認知症予防保険 選出者コメント 認知症保険の先駆けで健康増進アプリなど予防サービスも充実している／特則で加入1年後から予防給付金を受け取れる	太陽生命
3位	49	あんしん介護 認知症保険 選出者コメント 年金型と一時金型があり必要な保障を組み合わせることができる／軽度認知障害（MCI）時の給付金特約がある	朝日生命
4位	26	認知症保険toスマイル	ネオファースト生命
5位	8	認知症保険	第一生命

認知症保険は、高齢化社会の進展に伴い、年々ニーズが高まっている商品だ。

1位のＳＯＭＰＯひまわり生命「笑顔をまもる認知症保険」は、４つの簡単な告知項目をクリアすれば加入できる。軽度認知障害（ＭＣＩ）を一時金でカバーしているのも特徴だ。公的保障を補完するこれらの保険もじっくり検討しておきたい。

（中村正毅）

急成長する少額短期保険

縮小均衡の足音が迫る保険業界にあって、実は年々市場を拡大させている分野がある。「少額短期保険（少短）」だ。

保険金額が、医療保険であれば最大８００万円と少額で、期間が１～２年と短期であることから、〝ミニ保険〟とも呼ばれる。

もともと、根拠法がない無認可共済として活動していた業者への監督を強めるため、２００６年の保険業法改正によって創設された、歴史の浅い分野でもある。

少短は保険会社ではなく、あくまで保険業者だ。そのため、事業は免許制ではなく登録制。個別商品についても保険会社のような認可制ではなく、審査条件付きの届出制となっている。

資本金は1000万円以上から設立でき、機動的な商品展開が可能とあって、不動産会社や家電量販店、商社まで、さまざまな業種から新規参入が相次いでいる。市場規模は20年度の収入保険料ベースで1178億円。15年度からの5年間で62%も拡大している、まさに成長市場なのである。

大手も相次ぎ触手
—少額短期保険業界の新規参入組—

会社登録、新規参入時期		会社名	主な保険商品
2017年	2月	住生活少短	住宅設備
	3月	ペッツファースト少短➡アイペット	ペット
	6月	エール少短	法務費用
	7月	リボン少短	個人賠償
		メディカル少短	死亡、医療
		ホープ少短	家財
	8月	パーソナル少短➡ヤマダHD	家財
		JID少短	家財
	11月	Next少短	家財
	12月	USEN少短	火災
18年	1月	リロ少短	家財
	4月	もっとぎゅっと少短➡楽天グループ	ペット
	6月	justInCase	スマホ、がん
	10月	ライフサポートジャパン少短➡チューリッヒ保険	家財
		東急少短	家財
19年	2月	ZuttoRide少短	盗難
		Mysurance	地震
	5月	フェリクス少短➡登録抹消	弁護士費用
	6月	あおぞら少短	賠責
	8月	アイアル少短➡住友生命	医療
20年	1月	第一スマート少短	医療
	2月	ジェイコム少短準備	費用
	3月	カイラス少短	弁護士費用
	4月	SUDACHI少短準備	医療
	5月	宅建ファミリーパートナー	家財
	7月	つばき少短	ペット
	8月	スマートプラス少短	医療
	9月	ZEN少短	家財
		ダブルエー少短	費用
21年	2月	大同火災WIL少短	家財
	4月	ニッセイ少短準備	—
	5月	I-SMAS少短	費用
	6月	リトルファミリー少短	ペット
		MICIN少短	医療
	10月	ユアサイド少短	医療
	12月	WRT少短準備	費用
22年	2月	東京海上日動少短準備	—

(注)少短は少額短期保険、HDはホールディングスの略
(出所)取材を基に東洋経済作成

保有契約件数は全体で1000万件を突破したとみられており、そのうち8割は家財の被害を補償する商品だ。東京海上日動火災などをはじめ、損害保険会社は早くからグループ傘下に少短を持ち、家財をはじめとした保険商品を提供してきた。

一方で、10年単位など長期で高額の契約が多い生命保険会社は、事業としてのうまみが少ないとして参入には慎重だった。

コロナ保険が若者に人気

その流れを変えたのが、金融とITが融合したフィンテックの台頭だ。スマートフォンの普及によって、オンラインで手軽に加入できる保険が増える中、若年層を対象にした商品のテストマーケティングをするのに、少短業者はうってつけだったのだ。

大手生保で初めて少短に自ら参入したのは第一生命。2020年1月に準備会社を設立し、21年4月に第一スマート少短として営業を開始している。

第1弾の商品として投入したのは「コロナ保険」。新型コロナウイルスに罹患したと医師に診断されたら、10万円を給付する商品だ。当初の保険料は3カ月分で980円。感染状況に応じて毎月1日に保険料を見直すダイナミックプライシングを採用するなど、少短らしさを追求した商品だった。

誤算だったのは、コロナの変異株の感染力だ。21年夏の第5波で、新規陽性者が想定した以上に発生してしまったのだ。

当時、金融当局に届け出ていた保険料の幅は、下限が890円で上限が2270円。ただ、その後も感染者数が拡大した場合、収支のバランスを考えると2270円でも厳しいのが現実だった。

そのため第一スマートは、21年9月にコロナ保険の販売を一時停止。保険料の上限を8090円に引き上げたうえで販売を再開した。年明け以降の第6波を受けて、現在の保険料は3840円だ。

コロナ保険をめぐっては、スマホ決済のPayPayが21年末からアプリ上で販売しており、若年層を中心に人気を集めている。

PayPayはユーザーが約4500万人に上るとされ、一大プラットフォームとなっている。「そうしたプラットフォームを活用し、拡販する戦略を描いているのではないか（大手生保幹部）」とみられているのが日本生命だ。

日生は21年4月に少短の準備会社を設立している。早ければ22年春にも営業を開始する見通しで、今後の動きに注目が集まる。

規制緩和は悲願だが……

大手生保の相次ぐ参入によって市場が一段と活気づく中で、少短業界の各社が期待を込めるのは規制緩和だ。

少短の本則上の保険金額は、死亡保険で300万円以下となっている。その一方、冒頭で触れたように、少短制度の創設以前から無認可共済として活動していた業者は、1000万円以上の金額で保険を販売していた。

そのため、一気に本則の金額に移行するには難しく、激変緩和措置（経過措置）として、段階的に金額を少なくして本則に近づけることになった経緯がある。

経過措置は2023年3月に終了する予定。22年夏にも、本則への円滑な移行に向けた金融当局との議論が始まる中で、業界としては本則の金額枠の拡充をはじめ規制緩和につなげていきたいわけだ。

その際にボトルネックになるのは、最終赤字の会社が全体の4割を占めており、財務状態に不安がある業者が多いということ。さらに、そうした業者が経営破綻した場合、契約者を保護する機構といったセーフティーネットがないことも、規制緩和を難しくしている要因である。

全体の4割が赤字
—少額短期保険業者の最終損益の割合—

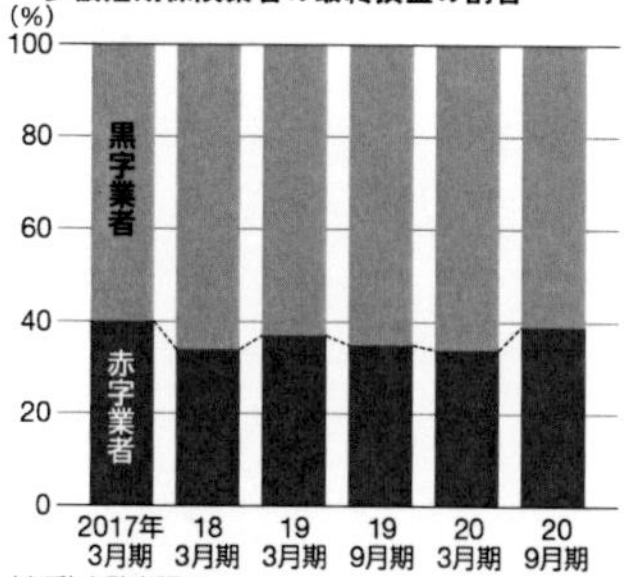

(出所)金融庁調べ

本則は金額枠が小さい —少額短期保険業者をめぐる経過措置と規制の変遷—

保険商品の区分	2005年 改正時		12年 改正時		18年 改正時	
	本則	経過措置 06年4月〜13年3月	経過措置 13年4月〜18年3月		経過措置 18年4月〜23年3月	
			既契約	新規契約	既契約	新規契約
死亡	300万円	1500万円	1500万円	900万円	更新前の金額	600万円
傷害死亡	600万円	3000万円	3000万円	1800万円		1200万円
医療	80万円	240万円	240万円	160万円		160万円
損害保険・低発生率保険	1000万円	5000万円	5000万円	3000万円		2000万円

(出所)金融庁の資料を基に東洋経済作成

ある業界関係者は「一部の葬儀業者は、傘下の少短を使って葬儀保険を売り、保険金を使って自社で葬儀を挙げさせている。事業戦略の1つではあるが、少短の収支悪化はそっちのけで、高齢の顧客をどんどん保険加入させている事例も散見される」という。

顧客の囲い込みのため、少短を都合よく利用し、その少短には財務上の不安がつねに付きまとう――。そうした一部の不健全な事態を解消することも、規制緩和の実現には不可欠だろう。

（中村正毅）

「節税保険」復活の兆し

「おたくの商品は何割損金なの。4割？ じゃあ8000万円入れればいいわけね」

保険の法人営業の現場では、経営者と保険営業員との間でそうした会話が日夜繰り広げられている。ここで「4割」と言っているのは、支払った保険料を経費として損金算入できる割合のことだ。

「節税保険」をめぐっては、かつて保険料の全額を損金算入できる「全損」タイプが一大ブームになった。だが、その後の規制強化によって、現在は損金算入の割合が大きく引き下げられている。

ある保険代理店の関係者は「まだ抜け穴はある。今人気なのは4割損金タイプの商品だ」と明かす。

4割損金が節税しやすい

これはいったいどういうことか。国税庁が規制強化に向けて、2019年6月に示した新たな法人税基本通達では、ピーク時の解約返戻金額（最高解約返戻率）を基にして損金算入割合を定める、というルールになった。

具体的には、最高解約返戻率が70%超85%以下の場合は保険料の損金算入割合を4割に、50%超70%以下の場合は同6割に設定している。

抜け穴はまだ存在する —保険料の税務処理ルール—

定期保険

最高解約返戻率	項目	税務処理
70%超 85%以下	資産計上期間	保険期間開始当初から4割相当の期間を経過するまで
	資産取り崩し方法	保険期間の当初4分の3経過後から均等取り崩し
	資産計上割合	支払保険料×0.4【4割損金算入】
50%超 70%以下	資産計上期間	保険期間開始当初から4割相当の期間を経過するまで
	資産取り崩し方法	保険期間の当初4分の3経過後から均等取り崩し
	資産計上割合	支払保険料×0.6【6割損金算入】
50%以下	資産計上方法	保険料を全額損金算入(資産計上は不要)

(出所)国税庁の法人税基本通達を基に東洋経済作成

もし最高解約返戻率が85%超となると、損金算入割合は1～2割程度まで下がってしまう。そのため節税につなげるのはかなり厳しく、現行ルール上、返戻率を含め最も節税につなげやすいのが、4割損金タイプというわけだ。

その4割損金タイプで今、中小企業オーナーたちが熱視線を送っているのが、ソニー生命の変額定期保険である。前出の保険代理店関係者は「前年対比で2倍近い売れ行きだ」と笑う。

変額保険をめぐっては、国税庁が19年に法人税基本通達を改正した際に、「契約時に示される予定利率によって計算した解約返戻金を用いて（損金算入割合を決めて）差し支えない」という考え方を示している。

そのため、ソニーの変額定期では、「契約時に基準となる予定利率を低くし、契約期間をうまく調整することで、最高解約返戻率を85%以下に抑えている。85%以下であれば、税務処理上は4割損金になる。さらに実際の運用利率は6%超のケースが多々あるため、その場合は返戻率が契約から7年目で85%を大きく超えてくる」（代理店関係者）という。

返戻率が85%を大きく超えてくると、4割損金であっても、法人税をそのまま支払った場合と比べた実質返戻率は、契約10年未満で計算上は100%を超える。そのからくりを中小企業オーナーたちはよく理解しており、ゆえにソニーの変額定期に飛びつき始めているというわけだ。

ソニー対抗商品も続々

2019年夏以降、変額定期を商品ラインナップに持っていたのは、ソニーのみ。そのためほぼ独壇場となっていたようだが、21年10月に対抗する生保が登場した。アクサ生命だ。

アクサは代理店など向けの研修資料で、ソニーの変額定期と比べた返戻率を示しながら商品の優位性を解説しており、対抗心の強さが色濃くにじみ出ている。

そもそもアクサには、「ユニット・リンク」の名称で10年以上、変額保険を主力商品として販売してきた自負がある。変額の分野において、ソニーの独壇場を指をくわえて見ているわけにはいかなかった、というのもうなずける。

変額定期をめぐっては、目下、損保系生保が対抗商品の投入に向けて動いている。今後、生保各社の開発競争に火がつく可能性は十分にありそうだ。

一方、「プラチナフェニックス」と名付けた法人定期保険で一大ブームの火付け役となった日本生命も、したたかな動きを続けている。日生が足元で中小企業へ熱心に売り込んでいるのは、「スーパーフェニックス」という長期平準定期保険だ。17年のプラチナ発売の前から販売していた商品だが、まさに不死鳥のごとく復活した。

スーパーフェニックスは、ソニーの変額定期と同じく、最高解約返戻率を85％以下に設定できる、4割損金タイプの商品である。ここでポイントとなるのは、毎年の契約者配当金だ。

国税庁は通達の中で、配当については返戻率の計算に含めなくてよいと整理している。つまり、配当のさじ加減によって返戻率を操作できる余地を残している。

日生はその抜け穴を利用し、見かけ上の最高解約返戻率は85％以下に抑えながら、予定配当を含めた返戻率が8年目で87％超に達し、実質返戻率は100％を超えるような仕組みにしている。

このような配当を活用した節税保険を持たないほかの生保も、あの手この手で中小企業の節税ニーズ取り込みに奔走している。

今の王道は、年間保険料30万円以下の医療保険の提案だ。これも通達の抜け穴を利用したもので、30万円以下であれば、保険料を全損できる（表下）。30万円では、事業利益と相殺するなど到底無理、と思うかもしれない。だが、そこにもからくりがある。従業員の福利厚生として法人加入するのである。

仮に従業員100人を加入させれば、1人30万円として、保険料は合計3000万円に上る。節税スキームとして十分な規模の金額に膨らむというわけだ。

そうした節税保険の実情について、国税庁と金融庁は「実態を注視しながら、行き過ぎがあれば規制を適宜検討する」（国税庁幹部）という。当局と生保各社のいたちごっこはまだ終わっていない。

（中村正毅）

最大手・日本生命　保険料値上げの狙い

「ショップはだいぶ苦しい状況だね。コロナ禍の影響もあるが、緊急事態宣言が解除された（2021年）10～12月の期間も、来店客数が回復せず、大きく前年割れしている」

ある保険代理店の経営者は、足元の経営環境の厳しさについて、うつむきながらそう話す。

ショップとは、街中の大型ショッピングセンターなどに出店する来店型の代理店だ。コロナ禍に見舞われた2年前は、健康不安を背景にして、医療保険などの加入希望者が店舗に押し寄せた。コロナ禍前を上回る来店客数を記録したところもあったものの、長続きはしなかった。

ショップ型代理店の多くは、その後じりじりと来店客数が減っており、足元ではコロナ禍前を下回る水準で推移しているという。

同経営者は「わざわざ店舗に出向いて能動的に保険を比較・検討するような金融リテラシーの高い人たちの需要を、一定程度取り切ったということなのかもしれない。いずれにしても戦略の練り直しを迫られている」と率直に語る。

その一方で、底力をまざまざと見せつけたのが、生命保険業界の中で大きな存在感を放つ日生、第一、明治安田、住友生命の大手4社の営業職員だ。

大手4社の営業職員による販売状況を見ると、21年4〜9月期の新契約年換算保険料（個人）は、前年対比で軒並み2〜6割の大幅増だった。

さらに、明治安田生命はコロナ禍前の19年と比べても増加。日本生命は同2%減というところまで回復してきている。

インターネットやスマートフォンが普及し、デジタル化が進む中でも、高齢の契約者がまだまだ多い生命保険分野においては、プッシュ型の古典的な営業が依然として強いのが実情だ。

強まる運用利益依存

「この状況だと、ご当局もだいぶ突っ込みにくくなったんじゃないですか」

大手生保のある幹部は、経営を監督する金融庁に対し、そう皮肉を込めてチクリと刺す。

金融庁はかねて、人口減少という長期的な課題を踏まえ、営業職員チャネルを中核とした販売体制の効果的な見直しを、大手4社に促してきた。

2021年9月に公表した保険モニタリングリポートでも、「環境変化に対する課題は認識しているが、精緻な将来分析に基づく議論を取締役会などで行っている会社は少なく、足元の対応にとどまっている」と、その経営姿勢を厳しく追及している。

しかしながら、コロナ禍によって営業職員チャネルは弱体化するどころか、逆にその営業基盤の強固さがより浮き彫りになってしまったわけだ。

これでは、大手4社に健全な危機感を持ってもらおうにも期待しにくく、金融庁としては何とも悩ましい状況だろう。

別の大手生保幹部は「直近の決算状況を見ても、正しい危機感を持ちにくい状況かもしれない。株高を背景にして前期比増益傾向なので。ただこのままだと、ゆでガエルのような状況にならないかと懸念はしている」と見通す。

次のグラフのように、生保各社はコロナ禍によって収益の源泉となる新規契約の獲得が伸び悩み、事業会社の売り上げに相当する保険料等収入は減少が続く。

その一方で、本業の儲けを示す基礎利益は増益傾向だ。利益の内訳を見ると、21年までの世界的な株高によって配当金収入などの「利差益」が膨らんだことが、増益の大きな要因になっているのがわかる。

減収増益傾向が続く —主要生保19社の業績推移—

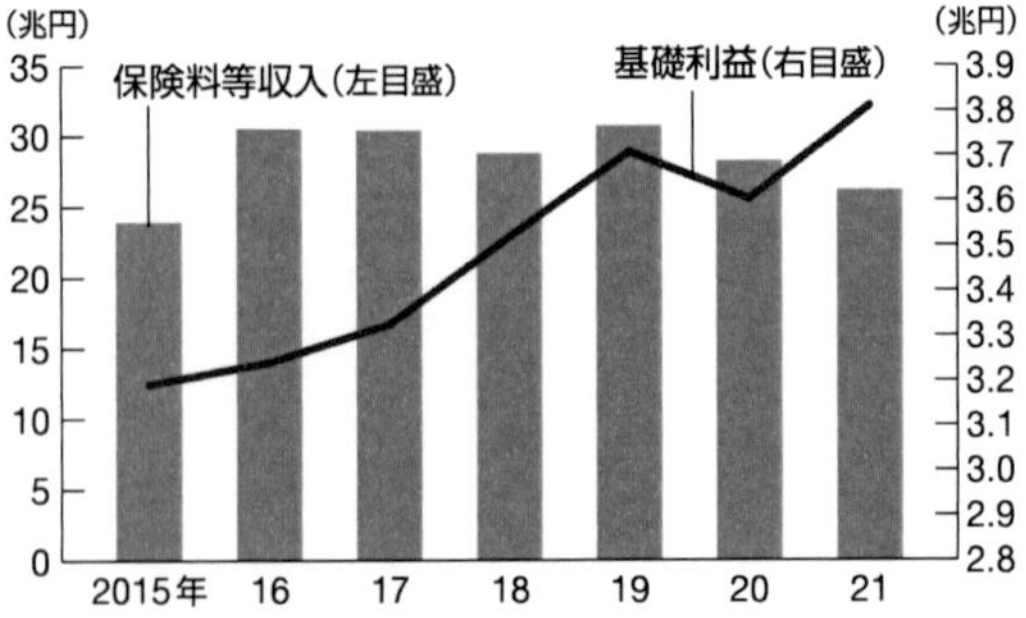

(注)各3月期　(出所)金融庁調べ

利差益とは、保険料を元手にした資産運用による収入と、契約者に約束する保険金の予定利率（コスト）との差によって得られる利益のことだ。

ただ、株式相場が下落基調になれば、当然ながら運用収益は減ってしまう。そのため、一過性の側面が大きい利差益の増加に甘んじていると、財務基盤がしだいに脆弱化していく可能性があるわけだ。

日生が予定利率で大ナタ

生保各社が今後、ジリ貧に陥るリスクがちらつく中で、2022年1月、業界最大手の日本生命が大ナタを振るい、業界に衝撃が走った。

契約者に約束する「予定利率」を、22年4月から大幅に引き下げる方針を示したのだ。

とくに驚きを持って受け止められたのが、終身保険の予定利率を0・4％から0・25％まで引き下げたこと。ほかの大手3社が0・55％から0・9％に設定している中で、半分以下に下げてきたのだ。

予定利率を引き下げると、簡単に言えばコスト削減になり、利差益をより出しやすくなる。日生としては運用によって一過性の利益ではなく、持続的に一定の利益が出せる財務構造にしたいということだろう。

一方で、契約者に約束する予定利率が他社よりも低くなってしまえば、商品としての魅力は当然ながら落ちることになる。通常は商品の内容はそのままに、保険料を値上げする仕組みになっているからだ。

ところが今回、日生は保険料の値上げを平均1％前後にとどめている。予定利率の引き下げ幅と比べると、保険料の値上げ幅が圧倒的に小さいことになるが、それはいったいなぜなのか。

からくりはこうだ。そもそも保険料は3つの要素で決まる。これまでに説明した予定利率と、年齢や性別による「予定死亡率」、販売手数料など事業運営に関わる「予定事業費率」だ。

今回は、そのうちの予定利率を見直して値上げになる部分を、予定事業費率を下げて一部相殺することで、保険料全体の値上げを最小限にとどめた格好である。

予定事業費の主体は、営業職員の人件費。つまり今回の保険料の値上げは、営業職員の実入りが減ることを意味している。

新規契約の成績評価上も、例えば月1件売っていればよかったものが、月2件売らなければいけなくなるイメージである。営業の負荷が大きくなるため、日生の営業職員のため息は深いだろう。

ここで疑問が湧くのは、日生がなぜ今、営業職員などのコストを下げ、運用利益の確保に動こうとしているのかということだ。

財務状況が見劣りする中堅以下の生保であれば、そうした動きはうなずけるものの、日生の財務体力の強さは業界他社と比べて群を抜いている。

それにもかかわらず、今回一歩踏み込んでみせたのは、営業職員チャネルについて、今後改革を進めるという意気込みの表れなのかもしれない。

業界最大手の日生の動きは、同業他社にも広がるのか。どのような影響を与えるか、今後注目だ。


（中村正毅）

【ソニー生命】巨額不正に透ける経営体質

再保険子会社を舞台にして2021年5月、約170億円という巨額の不正送金事件を引き起こしたソニー生命。逮捕された元社員の男（30代）は同子会社に出向し、運用資産の現金化など清算業務に携わる中、上司の承認を偽装して米国の銀行口座に送金後、現金をビットコインに換え、着服しようとしていたとされている。

どういう内部管理体制を敷いたら、そうした事件が起きるのか。首をかしげたくなるが、経営を監督する金融庁の関係者は「信じがたい事案ですけど、そういうレベルの会社ということですよ」と半ば諦め顔だ。

それもそのはず。同年8月には、シンガポール子会社に勤務していた日本人社員が、小切手を使い会社の銀行口座から、合計約4000万円を不正に着服していたことも発覚しているのだ。同子会社では、役員をはじめ、ほとんどの社員が会社名義の小切手が存在していることすら知らず、発覚が遅れたというから、開いた口がふさがらない。

おざなりの再発防止

ソニー生命は決まり文句のように「再発防止に努める」としている。だが問題は、これだけの不祥事がありながら、経営陣の監督上の責任や処分を、いまだに何らアナウンスしていないことだ。

ビットコインの値上がりで、不正送金による特別損失が一転して利益になりそうなことをもって、経営陣が高をくくり、処分すら検討していない、などということはまさかないだろう。

ただ、社員や契約者に、いたずらに不信感を抱かせるような姿勢を取っていることだけは確かだ。そうした残念な経営体質はいつになれば改善されるのか。

（中村正毅）

【第一生命】銀行代理業参入で誤算

第一生命が2021年末、大手生保としては初めて銀行代理業に参入することを表明した。

主な狙いは保険契約者との取引を維持・拡大すること。保険金や給付金の入金後に取引関係が途切れてしまったり、入金先の銀行から資産運用の資金として狙われたりといったケースが、これまで少なくなかったからだ。

銀行代理業に参入すれば、第一生命専用の預金口座を保険契約者が持てるようになって、口座に保険金などを入金することができる。

そうすれば、その保険金などを元手に新たな保険契約を結んでもらうことや、グループ会社の投資信託など運用商品の提案をすることが、断然しやすくなるとみている。

再発防止は置き去り

第一生命としては、満を持して攻めの一手を打ったつもりだったが、誤算だったのは参入表明のタイミングだ。

実は金融庁による立ち入り検査を受けていたのだ。それも平時の金融庁検査であれば問題なかったが、今回はベテラン営業職員による19億円の金銭詐取事件を受けてのものだった。

さらに言えば、同営業職員は顧客に資産運用の「特別枠を持っている」などと持ちかけ、金銭をだまし取っていたという経緯もある。

「再発防止策はいったいどこまで進んでいるのか。検査が正式に終わっていない段階で、銀行代理業で『顧客に資産運用の提案をします』とはね。タイミングとして本当にありえない」と、ある金融庁職員は怒りが収まらない様子だ。

銀行代理業への円滑な参入に向けて、まずは金融庁の担当部局としっかり対話する必要がありそうだ。

（中村正毅）

苦情率が高い外貨建て保険の実態

円を米ドルや豪ドルなどの通貨に替え、外国債券などで運用する外貨建て保険。日本の金利が低空飛行を続け、円建ての貯蓄性（投資性）保険の魅力が薄れる状況で、2010年代後半以降、外貨建て保険には一気に資金が流れ込み、販売額が最も多かった2018年度では4兆円に達した。

市場が拡大する一方で、急増したのが外貨建て保険の主要な販売業者である銀行への苦情だ。「定期預金だと思っていたら、いつの間にか外貨建て保険を契約していた」「元本割れする商品だという説明を聞いた覚えがない」など、投資性商品であることを後から知った、というケースが散見される。

外貨建て保険をめぐる苦情の件数は、19年度まで右肩上がりに増えている。

20年度はコロナ禍の影響で、銀行での対面販売が難しくなり、新規契約そのものが急減したことで苦情も減った。だが、「引き続きほかの保険商品よりも苦情発生率は高い」と金融庁は指摘しており、改善を強く迫っているのが現状だ。

コンプライアンス（法令順守）の意識が高いはずの銀行で、なぜ苦情が多数寄せられるのか。それは、契約者の中心となっているのが、退職金の運用を考えている高齢者だからだ。

とくに70代が多いとされており、「相続対策に有利」などと、金融知識の薄い人たちに銀行が外貨建て保険を徹底して売り込んでいるわけだ。

コロナ禍で販売はやや下火に

―一時払い外貨建て保険市場（窓販）の推移―

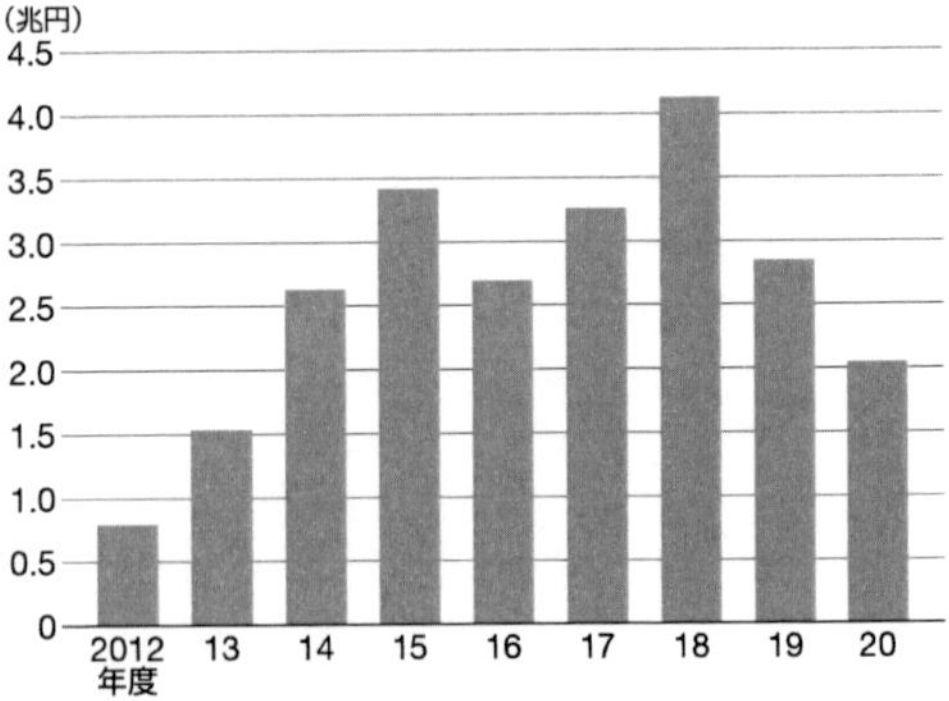

（出所）取材を基に東洋経済推計

苦情発生率は減少も依然高い

―外貨建て保険（銀行など代理店募集）の苦情件数―

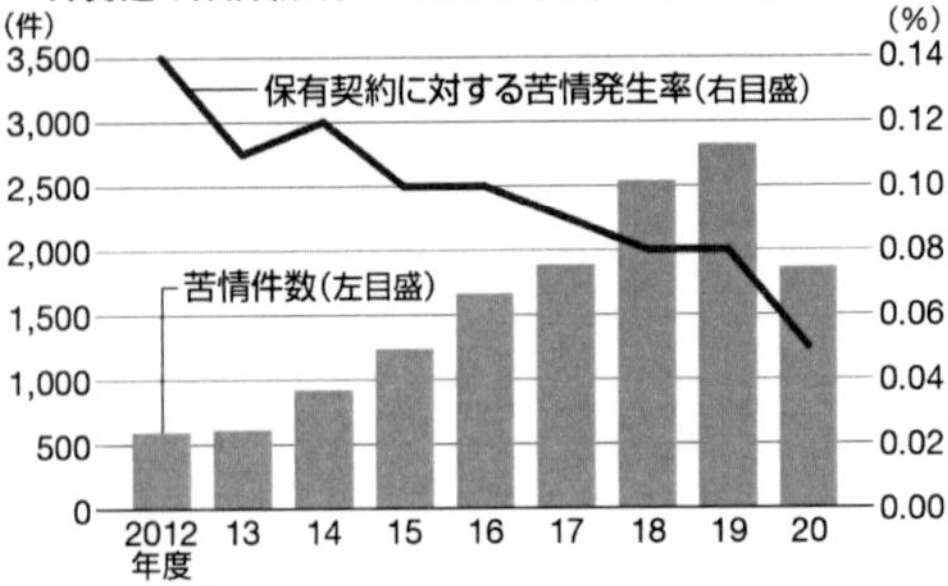

（出所）生命保険協会調べ

そもそも大手銀行であれば、100兆円を超える預金を持ち、企業に融資をしたり、自らも資産運用をしたりして利益を稼いでいる。にもかかわらず、いったいなぜ店頭窓口での保険販売に汗を流す必要があるのか。

それは、企業に融資しても低金利によって利ザヤを稼ぎにくい状況で、貸し倒れのリスクだけはじわじわと増え、銀行の持っている資産の「質」が劣化しやすいからだ。

一方で、外貨建て保険の販売は銀行にとってノーリスクの手数料商売だ。手数料率は保険料に対して10%近い商品もあり、うまみが大きい。その構図は簡単には変わりそうもない。コロナ禍が収束すれば、外貨建て保険の販売は再び勢いづくだろう。

苦情の発生率が高く、商品性への理解が難しい外貨建て保険については、本誌でお薦め商品のアンケートと、人気ランキングは実施していない。

今後、苦情を訴えるような事態にならないように、外貨建て保険における注意点を改めておさらいしておきたい。

顧客に不利な手数料の嵐

契約を検討するに当たって、まず理解しておきたいのは、支払った保険料よりも、受け取る解約返戻金が下回ってしまう「元本割れ」のリスクがあるということ。外国為替の影響を直接受けるためで、為替相場が円高になると、契約者は損失を抱えやすくなると覚えておこう。

金融庁は21年、銀行が販売する外貨建て保険の調査を実施し、契約者の含み益（黒字）と含み損（赤字）の割合を試験的に算出している。その結果が次のグラフで、全体の約4割が赤字の状態だった。

4割が元本割れ
―外貨建て保険契約者の損益比率―

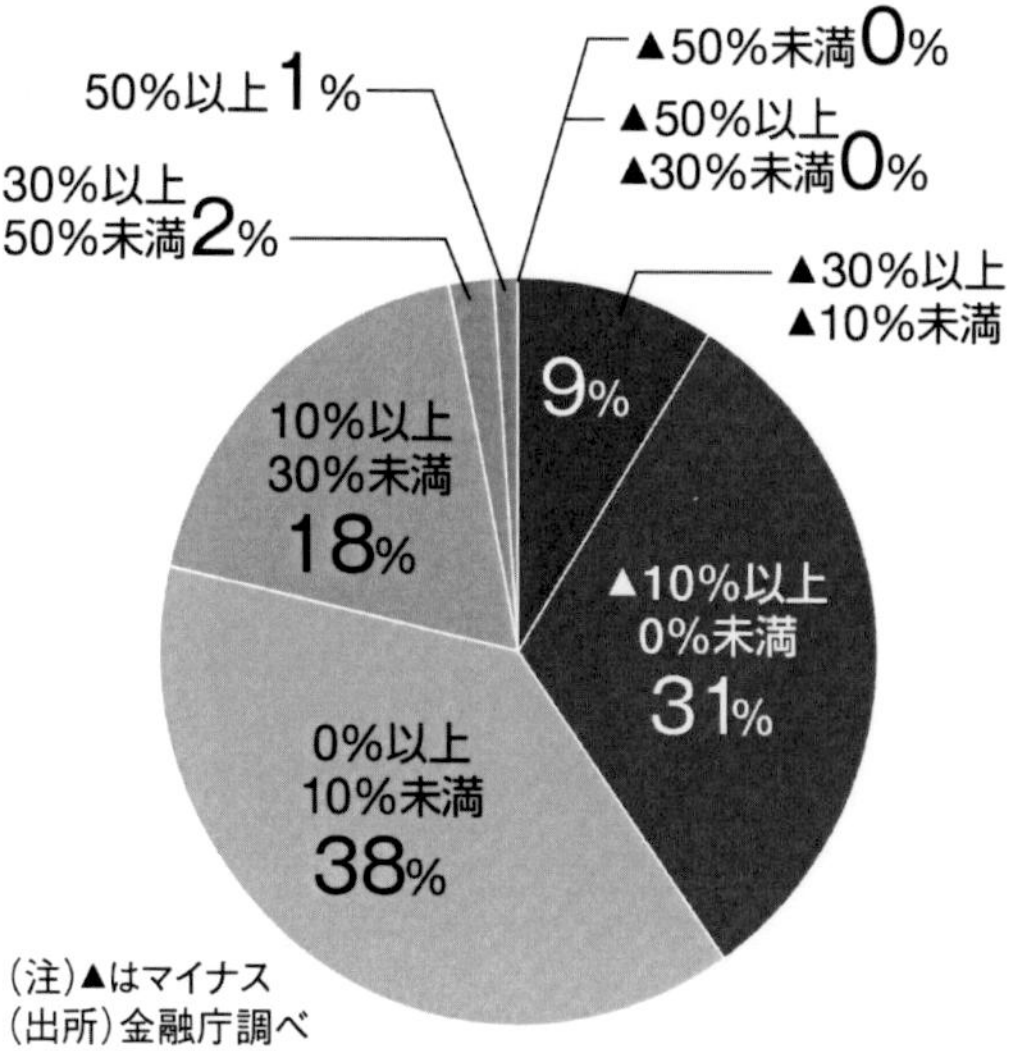

（注）▲はマイナス
（出所）金融庁調べ

為替相場の概況として2021年は円安基調が続いており、外貨建て保険は損益が改善傾向だったといえる。1ドル＝114円前後という為替水準であっても4割の契約者が赤字というのは、投資性商品として魅力があるとはお世辞にも言いにくい。

加えて、外貨建て保険にはさまざまな落とし穴が潜んでいる。とくに注意したいのが「解約控除」と「市場価格調整（MVA）」である。

順番に説明していこう。解約控除とは、わかりやすく言うと、早期解約のペナルティー手数料だ。保険会社は銀行などに、多額の手数料を払って新規契約を得ている。保険料を運用して会社としての利益を得るには、早々と解約されると保険会社が損失を出してしまうリスクがある。

そのため、契約して1年未満の解約であれば積立金を10％分差し引くなど、重いペナルティーを契約者に課している。

次に市場価格調整だ。一時払い（一括払い）終身保険など多くの外貨建て保険に組み込まれている。外国債券で運用するときの金利変動リスクを、手数料のような形で機械的に契約者に一部負担してもらう仕組みだ。

その中には、「タイムラグマージン」と呼ばれる手数料も入っている。契約者が解約を申し出てから、運用していた外国債券を売却処分するまでには、2週間程度のタイムラグがある。

その間に価格変動が起きても売却損を被らないように、多くの保険会社が0・4%前後の手数料を取っているのだ。

仮にタイムラグによって売却益が出たとしても、保険会社は契約者に還元せず、手数料はそのまま懐に入るだけ。それはあまりにも顧客本位に反するとあって、金融庁は目下、保険会社に見直しの大号令をかけている。

三井住友海上プライマリー生命では、4月の新規契約分からタイムラグマージンを廃止する方針であるほか、住友生命では契約者の公平性の観点から、新規だけでなく、既契約を含めて廃止する方針だという。

外貨建て保険の契約に当たっては、銀行員に勧められるがままではなく、そうした保険会社の対応や各種手数料の負担を踏まえたうえで検討するようにしたい。

（中村正毅）

代理店評価制度の成否

複数の保険会社の商品を販売する「乗り合い代理店」。来店型の保険ショップから訪問販売型まで、その数は全国で約2万2000店に上る。

生命保険文化センターの調べによると、代理店を経由して生命保険に加入した人の割合は、2021年で15・3%。保険会社の営業職員経由の55・9%に次ぐ大きさで、インターネット経由(4・0%)の3倍以上だ。

2012年の調査では代理店経由が6・9%だったため、販売チャネルとしての存在感が年々増していることがわかる。


その代理店をめぐって、大きな議論になっているのが、業界団体の生命保険協会が主導する「代理店評価制度」の統一だ。

背景には、生保各社がそれぞれ独自の基準で乗り合い代理店を評価し、「形式的な基準をクリアするだけで評価されるような項目が散見される」（生保協）という問題がある。業界全体で評価を統一することで、個々の代理店の業務品質向上につなげていこうとしているわけだ。

生保協を座長（事務局）として、初めて会合が開かれたのは20年6月のこと。会合にはほけんの窓口グループをはじめとした代理店13社、代理店の業界団体、生保42社に加え、金融庁もオブザーバーとして参加し、スタディーグループとして議論を開始した。

以降、22年1月までに21回にわたる会合を開いており、評価制度を運用すべく、9月にも調査を順次開始する予定だ。

これまで、代理店業務の何をどう評価すれば実効性を確保できるかについて議論を重ねる中で、評価項目の数は当初300項目以上にも上ったという。

今秋から本格始動
―代理店評価制度の検討メンバーと工程表―

代理店業務品質のあり方等に関する
スタディーグループ

座長	生命保険協会
委員	イオン保険サービス、ニュートン・フィナンシャル・コンサルティング、ほけんの窓口グループ、保険ステーション、カカクコム・インシュアランス、ソニックジャパン、グライブ、FICパートナーズ、ファイナンシャルアライアンス、エフピーサポート、アイリックコーポレーション、アドバンスクリエイト、R&C［保険代理店13社］、保険乗合代理店協会、保険健全化推進機構 結心会、全国消費生活相談員協会［社団法人3団体］、生命保険協会会員会社［生命保険会社42社］
オブザーバー	アンダーソン・毛利・友常法律事務所外国法共同事業（生命保険協会顧問弁護士）、金融庁
2022年4月	代理店向け運営要領公表、申し込み受け付け開始
22年5〜6月	申し込み締め切り、申し込み状況に応じた運営内容の確定・公表
22年7月	調査実施代理店の決定、調査日の決定通知
22年9月ごろ	調査を順次開始
23年3月ごろ	評価結果を公表

（出所）生命保険協会の資料を基に東洋経済作成

意見が分かれた継続率

その中で、代理店と保険会社との間で一時意見が分かれたのが、契約の継続率だった。保険会社側としては継続率が高いほうがよいため、その高さを評価したい。他方、複数の保険会社の商品を販売する代理店側は、毎年数多くの新商品が発売される環境で、継続率を気にするあまり、保障内容が見劣りする商品の契約を放置しておくのは、顧客本位に反するとの立場だった。

一方で、代理店が契約手数料を稼ごうと、新商品への安易な乗り換えを促したり、短期間で契約と解約を繰り返したりといった事例も一部であり、それぞれの主張には一長一短がある。

結果として、継続率については「定期的に把握・分析し、解約理由・経緯等を踏まえ、必要に応じて改善策（募集人への指導等）を実施している」とし、継続率の水準は盛り込まない内容で落ち着くことになった。

そもそも、契約の短期消滅などが多い悪質な代理店は、今回の評価制度への参加は期待しにくい。代理店側が生保協に30万円を支払って評価してもらう、という仕組みだからである。

制度参加の中心になっているのはあくまで、業務品質の高さに自信がある、比較的規模の大きい代理店だ。そうした中で、継続率については代理店側の意向が色濃く反映されている。

現在固まっている評価制度の項目は、顧客対応やアフターフォローなど、基本項目で150、応用項目で60の全210項目。21年夏から試験的に代理店の評価を実施したものの、ある代理店経営者によると、「基本項目をクリアするだけでも、かなりハードルは高い」という。

生保協は22年度に100前後の代理店を評価したうえで、基本となる150項目をすべてクリアした場合は、「認定代理店」などとして23年春に公表する予定だ。

評価制度の運用に当たっては、生保協としての体制整備も課題に挙がっている。当初は生保各社からスタッフを集め、数人ずつのチームを複数つくって評価していく体制になりそうで、年間を通じて評価できる代理店の数は200程度が限界になりそうである。

高評価獲得のハードルは高い —代理店業務品質評価の具体的項目—

評価項目数 210項目

☑基本項目 150項目　☑ 応用項目60項目

業務品質評価区分	業務品質評価項目	評価の視点
1 顧客対応	顧客ニーズに合致した提案の実施に向けた募集に関する体制整備	意向把握・確認義務
		重要事項説明
		比較推奨販売
		高齢者募集ルール
		早期消滅
	教育	募集人教育
2 アフターフォロー	顧客対応体制	アフターフォローの体制整備
	苦情管理体制	苦情管理体制の整備
	情報管理	契約情報などの適切な管理
	継続率	継続率の把握
3 個人情報保護	個人情報保護に関わる業務運営	個人情報保護に関わるシステム整備
4 ガバナンス	コーポレートガバナンスに関する体制整備	ディスクロージャー資料の適切な配備
		自己点検・内部監査
		業務継続計画（BCP）の策定

(出所)生命保険協会の資料を基に東洋経済作成

お手盛りの報酬も課題

評価の実務チームをめぐっては、公正性を高めるために第三者機関を設ける案も当初浮上していた。ただ、評価のコストが余計にかかることや人員の確保が難しいという問題もあり、結局は生保協が運用を担うことになったようだ。

今後の運用に当たっては、手数料の問題も出てくる。そもそも評価制度創設の背景には、「生保各社が代理店に対し、お手盛りで不当に高く評価しつつ、高評価に基づくインセンティブ報酬（上乗せ手数料や旅費の負担など）を、じゃぶじゃぶ支払っていた」（代理店関係者）という問題がある。

代理店評価の統一には、生保各社のそうした〝抜け駆け行為〟の抑止につなげていくという意味合いもあるわけだ。

さらに言えば、そうした手数料の「質」だけでなく、「量」の問題も今後避けては通れない。

特定の代理店を公平に評価した結果として、どの程度の手数料を支払うかは、あくまで生保各社の自由だ。評価が公平な以上、大手（おおで）を振って高額な手数料を代理店に支払い、自社商品を拡販しようとする生保が出てきても何らおかしくはない。
そうした事態が起こった場合、業界としてどう向き合っていくか。これから大きな課題になりそうだ。

（中村正毅）

「かんぽ」は正常化したのか

「4月から数字、頼むよ」、「4月からはネジを巻いてください」。保険営業を担当している日本郵便の社員は、複数の郵便局を指導する幹部からそう声をかけられ目を丸くした。「数字」とは平たくいえば営業ノルマのことだ。

「2022年度営業目標設定に向けた社員周知」。そう題された1月20日付の文書には、2月10日までに「目標設定の意義と事業継続の重要性」について、「『別紙』を社員に手交し、社員に説明」するように、と書かれてある。

「別紙」には契約数の表を掲載。半期、四半期、月次、どれで見ても、新規契約数が消滅した契約数を下回る〝純減〟が続いていることが一目でわかる。

そのうえで「足元の販売状況は（中略）十分とはいえない」「目標を達成していくこ

とは事業を持続させるために必要不可欠」「22年度からは（中略）純増目標を設定」と書いてある。

営業ノルマは不正の温床

この「別紙」には「決して以前の営業実績のみに着目した態勢にはもう戻らせない」と書いてあるが、現場を指導する幹部の意識はすぐに変わるものではない。

関東のある社員は、「また営業ノルマに追われるのか。〝いつか来た道〟になるのではないか」と顔を曇らせる。19年6月に大量発覚した不適正募集は、まさにノルマが温床になっていたからだ。

ノルマは、新規契約から上がる保険料を年換算した数字の積み上げだった。内部ルール上、既存の契約をいったん解約し再び契約しても、一定の期間を空ければ新規と見なされた。そこで解約と再契約を繰り返す「乗り換え潜脱」が横行したわけだ。

顧客の意向を無視して、契約を乗り換えさせる潜脱をさせないために、新規と見なす「一定の期間」は、ルールの見直し過程でどんどん延びていった。

一方で、ノルマも年々厳しくなっていったことで、乗り換え潜脱は減るどころか、逆に増えていったのだ。その状況で、契約者に保険料の二重払いを強いる期間や、無保険状態となる期間が生じる問題も発生していった。

金融庁は、顧客の意向を無視したかんぽ生命の営業実態を問題視し、3カ月間の営業停止処分を下した。かんぽは停止処分が明けた20年4月以降も自粛を続け、同10月に顧客へのお詫び行脚を開始。21年4月には営業を再開したが、営業目標という名の実質的なノルマの設定は自重していたわけだ。

この間の営業成績は惨憺（さんたん）たるもので、新規契約は19年度、20年度ともに激減した。そこに降って湧いたのが、22年度からのノルマ復活だ。先述の「別紙」で「事業の持続」に言及したのは、その表れだろう。

ただ、ノルマの達成をどうカウントしていくかの詳細は、2月10日現在、まだ営業現場に下りてきていない。不適正募集の蔓延を防ぐために、契約に至るプロセスを重視する方針は示されている。だが、「目標未達であってもプロセスが立派なら問題なし、となるわけがない」（東北地方のある社員）と、現場には不安が広がる。
先述の「別紙」には「数字を上げるという結果のみを求める」のは「×」だと書いてある。しかし不適正募集が大量発覚する以前、研修用資料に「ダメ」だと書いてある手法を全国で広く用いてきたという経緯がある。ノルマを設定しても数字のみを追い求める結果にはならない、という保証は現状ではどこにもない。

営業現場では、商品力への不安も大きい。かんぽは貯蓄性商品が多いが、現状すべて、顧客が支払った保険料の総額が満期に受け取る金額を上回る「元本割れ」の状態にある。

「魅力のある商品がなく、自信を持ってお勧めできない。後から〝損をするとは聞いていなかった。私の意向に沿っていない〟と言われかねない」と東海地方のある社員は不満や不安を口にする。
ノルマ復活と併せて投入される新医療特約「もっとその日からプラス」への不満もある。かんぽは「フロントライン（＝現場）の社員からも本当にいい商品を作ってもらった等の声が上がっている」とする。だが、自社の調査で「他社で扱っているような格安で医療に特化した保険を作ってほしい」という声があるにもかかわらず、新商品はあくまでも特約だ。つまり死亡保障と組み合わせないと医療保障を得られない。

かんぽは本誌の取材に、「掛け捨ての定期死亡保障と組み合わせれば、安価な保険料で死亡と医療の両方に備えられる」と説明する。が、「医療に特化した保険」というニーズには応えられていない。

この「もっとその日から」という医療特約は、日本郵政からかんぽへの出資比率が5割を切り、認可制から届出制になって最初の新商品だ。

実は届出制になったとはいえ、どんな商品でも許されるわけではない。民営化をモニタリングしている郵政民営化委員会は今も、民業圧迫にならないかを、必要だと判断すれば確認している。国営の頃に比べると規模が小さくなったとはいえ、依然としてかんぽは強大な存在だからだ。

「もっとその日から」は、同委員会が水面下で大手生保各社へヒアリング。各社からの反発はなく、商品化が認められた。このことは、大手他社を脅かすような商品力がないことの裏返しだ。

不適正募集がまた蔓延?

新規契約が低迷しているのは、何も営業目標を設定しなかったからではない。かんぽの商品を販売している郵便局への信頼が、十分に回復していないからだ。

日本郵便をめぐっては、営業再開後も郵便局長らの顧客資金や切手の窃取などの不祥事が続々と発覚。日本郵便の経費で購入したカレンダーを自民党支持者に配った件では、かんぽの個人情報が不正に利用されたことも明るみに出た。カレンダー事件の全容は未解明なまま調査を早々に打ち切ってもいる。これでは不信が募るばかりだ。

かんぽは日本郵便の営業社員向け研修用資料の中で、保険金等支払額は20年度5兆円で、日本全体の約3割を占めることを示した。そのことをもって「かんぽ生命は社会的使命を通じて多くのお客さまに寄り添い人生をお守りしている」とし「(社会的使命は)お客さまの人生を保険の力でお守りする」ことだとした。

かんぽが首位
—保有契約年換算保険料上位5社—

1	かんぽ生命	3兆8981億円
2	日本生命	3兆7382億円
3	第一生命	2兆9379億円
4	住友生命	2兆2866億円
5	明治安田生命	2兆1952億円

(注) 個人契約が対象。かんぽ生命は旧区分を含む、第一生命は第一フロンティア生命を含む。2020年度
(出所)各社の決算資料を基に東洋経済作成

支払った保険金の3割がかんぽ
—保険金等支払額に占める割合—

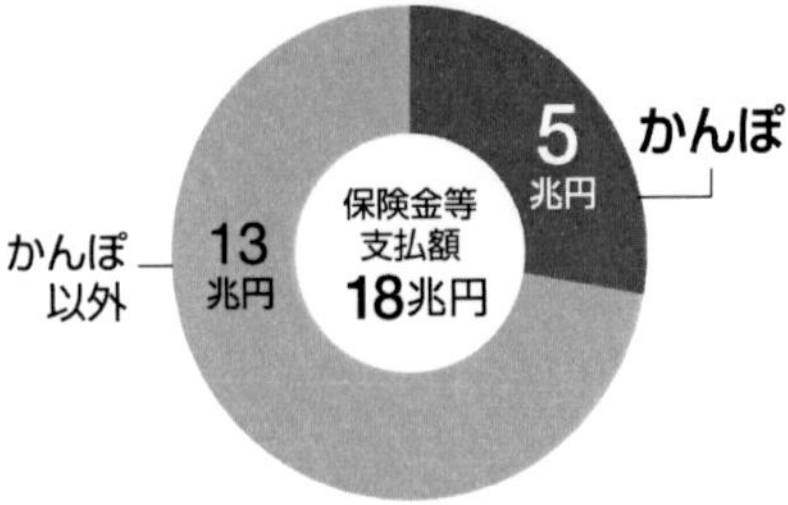

(注)保険金等支払額には簡易生命保険契約を含む。2020年度
(出所)かんぽ生命へ出向予定の日本郵便社員向け研修資料を基に東洋経済作成

だが現状では、その「使命」が果たせるとは到底思えない。商品力も信頼回復も不十分なままでノルマを復活させれば、不適正募集がまた蔓延するだけだ。

（山田雄一郎）

問われる保険営業

２０２２年１月から日本生命の営業職員として働く、Ｔさん（４０代）の心中は穏やかではない。前年の秋、新人採用のために開催された同社の「わかばイベント」で、有名な占い師から「そういう働き方ではもったいない人だから」と言われ、パートの仕事を辞めて未知の保険営業の世界に思い切って飛び込んだ。

だが入社早々、３月の目標達成に向けて、「オミクロンと並走して契約を取れ！」とか「コロナ禍で失業者が多い今が新人の採用のチャンスだ！」とか、営業部長が職員を強い口調で鼓舞するのを聞いて、「とんでもない世界に来てしまった」と不安が一気に膨らんだ。営業ノルマがあることなど、入社前に聞かされていなかったのだ。

「日本生命がイベントに呼んだあの占い師はグルだったのではないか？」という思

いがよぎるが、「まさか日本一の生命保険会社が、採用という人生を左右する重要な局面で、そんな卑怯なことをするはずがない」と占いの結果も信じたい。

復活する「数」への固執

2020年からの新型コロナウイルスの襲来で、国内の生保各社は対面営業の自粛に追い込まれた。

とくに営業職員チャネルを主力とする生保各社が受けた影響は大きく、約24・8万人（生保20社合計）の営業職員数に対して、実働営業職員数（月に1件以上の契約を取った職員数の年間の平均値）は約16・5万人。実働率が約66％にまで落ち込んだ。

実働率は例年は8割程度。20年度にここから1割以上も低下したのは、コロナ禍で保険契約の獲得がなかった職員が多かったからだ。加えて病気療養中や育休・産休を取る職員が一定数含まれることは、例年と変わらない。

稼働率の低下による新契約業績のマイナスをカバーしようと、各社は新人の営業職員の採用に再び躍起になっている。その力の入れ具合は現場の営業拠点からも聞こえてくる。

「路上でも駅前でもデパート内でも、どこでも女性に声をかけている」（住友生命のDさん）、「会社は採用に命を懸けている。仕事を失った元飲食店勤務の女性が多く入社している」（明治安田生命のCさん）。日本生命のように、中国人など外国人女性を営業職員に採用する動きもある。

次表のとおり、20年度はコロナ禍があり営業職員の給与保障をした結果、退職者数は各社とも大幅に減った。だが依然として、退職した数と同じかそれ以上の営業職員を毎年採用し続ける、営業職員の「大量採用・大量脱落（ターンオーバー）」問題は収まる気配を見せない。むしろコロナ禍で営業職員の「数」へのこだわりが改めて浮き彫りになっている。

2020年度は退職者数を「採用者数」が大幅に上回った

―営業職員の在籍者数・採用者数などの一覧（2020年度）―

	2020年度							21年12月末
	在籍者数（人、21年3月末）	増減率（%）	採用者数（人）	増減率（%）	退職者数（人）	増減率（%）	離職率（%）	在籍者数（人）
日本生命 NISSAY	55,675	4.7	9,880	▲4.3	7,359	▲24.1	13.8	約55,000
第一生命	44,818	0.9	4,767	▲29.6	4,350	▲34.5	9.8	42,569
明治安田生命	35,995	9.1	7,038	20.1	4,043	▲23.8	12.3	36,720
住友生命	35,163	9.2	5,504	1.2	2,547	▲51.2	7.9	35,200
朝日生命	14,002	12.2	4,069	5.4	2,552	▲16.1	20.4	14,210
フコク生命	10,552	2.2	2,564	▲33.4	2,335	▲30.2	22.6	10,224
Gibraltar ジブラルタ生命	8,084	0.1	842	▲3.7	833	▲50.5	10.3	8,042
太陽生命	8,473	5.0	2,265	11.6	1,863	▲22.3	23.1	8,566
大樹生命	8,140	8.0	1,692	8.3	1,090	▲14.0	14.5	7,708
ソニー生命	5,864	1.2	409	8.2	337	▲19.8	5.8	5,889
AXA アクサ生命	5,645	2.8	1,307	▲5.5	1,151	▲19.4	21.0	5,507
Prudential プルデンシャル生命	5,384	4.1	687	0.1	475	▲11.7	9.2	5,323
MetLife メットライフ生命	4,254	0.7	513	2.0	485	0.8	11.5	4,186
DAIDO 大同生命	3,766	0.5	917	▲14.4	897	▲19.3	23.9	3,706
Manulife マニュライフ生命	1,821	▲7.7	534	▲13.6	686	▲8.8	34.8	非開示
合計・平均	247,636	5.1	42,988	▲4.9	31,003	▲28.4	13.2	

（注）給与が歩合制の営業職員チャネル（在籍1000人以上）を持つ生保15社。人数には固定給の営業職員や管理職などを含む。
増減率は2019年度対比。離職率は19年度末の在籍者数に対する20年度の退職者数の比率。▲はマイナス
（出所）各社のディスクロージャー誌とアンケートを基に東洋経済作成

「誰でもできる仕事です」「未経験でも2年間は丁寧に指導します」……。とくに国内生保会社の女性営業職員（以下、生保レディー）の勧誘は、現役の生保レディーによる「同僚誘致」が基本だ。自分が担当している契約者や友人・知人、初めて会った人などに声をかけて、冒頭のような毎月開催される採用イベントに連れてくる。保険販売だけでなく、採用活動も仕事なのだ。

連れてきた新人が入社すれば、勧誘した生保レディーにインセンティブを付与する生保が多い。

例えば住友生命では採用支給金5万円に加えて、保険契約を3件獲得したのと同水準の営業成績加算がある。さらに、新人がその後、ノルマをクリアして昇格すれば加算額が増えるなど、生保レディーの採用活動を会社が強力にバックアップする仕組みになっている。

この「手当」のために、採用活動に精を出す生保レディーは少なくない。まさにそこが会社側の狙いだ。各営業拠点には在籍者数の年間目標がある。人数が前年割れしようものなら、拠点の管理職は本社から責任を問われる。目標を達成できなければ、管理職らの評価が下がってしまうのだ。

この上意下達の仕組みによって、採用する前に〝本当のこと〟が隠される。例えば営業職員には、成績や出勤日数、営業活動、採用活動などありとあらゆるものに関しやるべき基準（ノルマ）が課せられており、基準を達成できなければ給与はどんどん下がる。揚げ句の果てには雇用契約終了となることも、ほとんど説明されない。

また正社員であることや社会保障、退職金があることなどは説明するが、「税務上は個人事業主で収入は事業所得となり、確定申告が義務づけられている」「営業の際の交通費やガソリン・駐車場代、電話・名刺・年賀状・カレンダー・顧客との飲食代など経費はすべて自己負担」という、営業職員特有の雇用形態は、「入社してから知った」という人が圧倒的に多いのだ。

人の一生を左右することもある採用という重大な局面において、うそをついたり本当のことを隠したりして仲間に取り込むことがいまだにまかり通っているのが生保営業の世界であり、闇の深さがうかがい知れる。

ターンオーバーの悪循環

生保レディーになる人は主婦やシングルマザー、独身女性など実にさまざまだ。そもそも「女性なら誰でもいい」(複数の現役生保レディー) という考えで採用する例が多く、営業未経験の人も少なくない。

彼女たちも、入社直後から等しく保険契約の獲得が求められ、半年から1年ごとにある「職選」と呼ばれる給与や資格を維持するための査定をクリアできなければ、昇格ができず給与も減額される。

入社時の給与がたとえ月20万円あっても、査定落ちが続いて手取り10万円以下になることもあるという。平均すると、生保レディーの在籍率は入社1年後で約7割、2年後で5割、5年後で2割だ。この離職率の高さがターンオーバーの起点となり、採用と脱落を繰り返す悪循環になっている。「担当者がコロコロ替わる」「いつも新人ばかり来る」など顧客から生保会社への苦情は絶えない。

ターンオーバーを本気で解決するならば、退職者数が減っている今こそ厳選採用することで採用者数を減らし、生保レディーへの教育を強化して、在籍率と生産性を高める方向に舵を切るべきだ。が、22年度から新人の営業職員制度の抜本的な改革を行う第一生命以外の生保に、その動きは見られない。前述のとおり、「数」にこだわる生保は多いのだ。いったいなぜか。

新人の縁故知人に期待

「新人の営業職員を採用すれば、家族や縁故知人から、5~10件の契約が取れるだろう」

生保が採用を重視する理由について、複数の営業職員は語る。実際、生保会社の間では、入社後に50人から100人の家族・知人の名前をリストアップさせるなど、外資系生保の手法を模倣する動きがある。

採用に積極的な生保各社は口にこそ決して出さないが、こうした新人の人脈で取れる保険契約に「期待」しているのは間違いない。

それは生命保険だけにとどまらない。各社は提携している損害保険会社の保険を扱っており、営業職員が販売することができる。

損保各社も営業職員の人脈に「期待」している
—生保の営業職員による損保販売の現状—

	営業職員数	提携する損保会社（保険料収入）
日本生命	5.5万人	あいおいニッセイ同和損保（984億円）
第一生命	4.4万人	損保ジャパン（328億円）、アイペット損保
明治安田生命	3.6万人	東京海上日動火災、イーデザイン損保、アニコム損保
住友生命	3.5万人	三井住友海上火災（775億円）
朝日生命	1.4万人	東京海上日動火災（81億円）、セゾン自動車火災、アニコム損保
富国生命	1.0万人	共栄火災海上、セコム損保（2社合計で132億円）
太陽生命	8千人	損保ジャパン、ペット&ファミリー損保（2社合計で68億円）
大樹生命	8千人	三井住友海上火災（163億円）
メットライフ生命	4千人	AIG損保（59億円）
大同生命	3千人	AIG損保（138億円）

（注）損保会社のカッコ内の金額は2020年度の営業職員取り扱いによる元受け正味保険料。ただし第一生命と大樹生命に関する金額は年換算保険料　（出所）生保各社へのアンケートを基に東洋経済作成

損保各社にとっても自動車保険や火災保険、個人賠償責任保険、ペット保険など多様な商品を、全国の生保レディーに売ってもらえるメリットは計り知れない。あいおいニッセイ同和損保にとっては日本生命、三井住友海上火災にとっては住友生命が最大の「保険代理店」であり、生保会社と損保会社は一蓮托生の関係にある。

コロナ禍で職域営業（企業訪問）は狭められ、保険ショップやネットなど新しい加入経路が勢力を拡大。そもそも人口減少社会の中で、新規顧客の開拓がいっそう厳しくなるのは目に見えている。

手っ取り早いのは、採用した新人営業職員の人脈をたどっていくことだ。例えば職員の夫が加入しているライバル生保の保険契約を自社の商品に替えてもらえれば、他社の契約が1件減り、自社が1件増えて「一石二鳥」となる。

ただ、こうした目先の契約を追う募集方法は両刃の剣だ。

営業職員がノルマに追われるあまり、知人などの名義を借りて保険料を建て替える（名義借り）「作成契約」を誘発しかねない。また、縁故知人の契約を取り尽くして、行くところがなくなった先にあるのは「ノルマ地獄」だ。

長期的な視点で改革しなければ、営業職員チャネルには暗い未来が待っている。

（高見和也）

生保業界天下りの舞台裏

仕事始めの2022年1月4日、保険業界はある話題で持ち切りとなった。前年夏まで金融庁長官を務めていた氷見野良三氏が、日本生命のシンクタンクであるニッセイ基礎研究所に入所したという発表だ。

氷見野氏の日生グループ入りは、2つの意味でサプライズになった。1つ目は、日生本体の顧問などではなく、研究所のエグゼクティブ・フェローに就いたことだ。

肩書上は一研究員という位置づけで、役員のように送迎の車が用意されるわけでもない。研究所は東京・九段エリアにあり、氷見野氏が好きな「古書店街の近さが入所の決め手になったようで、そこは何とも彼らしい」とある金融庁OBは話す。

氷見野氏は1月中旬に早速、研究員としてリポートを執筆している。タイトルは「金融機関のシステム障害」。名指しこそしていないが、2021年に社会問題になった、みずほ銀行による一連のシステム障害を想起させる刺激的な内容で、金融業界をざわつかせた。

サプライズとなった2つ目の要因は、金融庁長官経験者が3代続けて生命保険業界に「天下り」したということだ。

氷見野氏の前任の遠藤俊英氏は富国生命のほか、東京海上日動火災の顧問を務めており、その前任の森信親氏は2年前に、米保険大手アフラック・インコーポレーテッドの社外取締役に就いている。

アフラックをめぐっては、日本のアフラック生命で過去に金融庁OBの木下信行氏が顧問を務めていたほか、同じくOBの桑原茂裕氏が現在副会長に就いている。

ただでさえ「外圧」が強いといわれているアフラックに、これだけのOBをそろえれば、金融庁の現役職員に大きなにらみを利かせることができる。

生保業界が金融庁をはじめとした官僚の天下りをここまで受け入れるのはまさにそ

のためだろう。

業界が不利な立場に置かれるような規制や制度の創設が持ち上がると、永田町や霞が関に頻繁に顔を出し、自身の影響力を行使しようとしているのは、そうしたＯＢたちだからだ。

その中でも、金融庁などからの天下りの受け入れや、水面下での折衝活動に熱心とされているのが、ＳＢＩグループだ。

華々しい「天下り」の実績 官僚の保険業界再就職先一覧（2017～21年）

氏名	年齢	離職時の役職	再就職年月	再就職先	役職
池田喜治	60	さいたま地方検察庁事務局長	2017年 10月	日本生命	顧問
坂口正芳	60	警察庁長官	18年 5月		特別顧問
引地睦夫	60	厚生労働省大臣官房付	18年 6月		顧問
今林顕一	59	総務省国際戦略局長	18年 11月		法人顧問
諸橋省明	59	総務省大臣官房付	18年 11月		顧問
小川 誠	57	厚生労働省職業安定局長	18年 11月		顧問
尾関良夫	55	国土交通省大臣官房付	18年 12月		顧問
蒲原基道	58	厚生労働事務次官	19年 4月		特別顧問
酒井信介	59	財務省大臣官房厚生管理官	19年 4月		顧問
河内 隆	61	内閣府事務次官	19年 5月		特別顧問
森重俊也	63	内閣官房特定複合観光施設区域整備推進室長	19年 8月		顧問
片山一夫	59	財務省大臣官房付	19年 12月		顧問
山崎俊巳	59	総務省大臣官房総括審議官	20年 1月		法人顧問
岡本薫明	59	財務事務次官	20年 12月		特別顧問
後藤浩平	55	国土交通省大臣官房付	21年 1月		顧問
太田 浩	52	金融庁総合政策局リスク分析総括課検査企画官	21年 4月	第一生命ホールディングス	調査部フェロー
田谷 聡	57	総務省大臣官房付	19年 11月	第一生命	顧問
米田順彦	56	総務省大臣官房付	19年 11月		公法人部顧問
牧 慎太郎	56	総務省大臣官房付	20年 11月		公法人部顧問
貝守真一	61	北陸財務局長	20年 11月		公法人部顧問
佐藤慎一	60	財務事務次官	18年 1月	第一生命経済研究所	顧問
三輪和夫	60	内閣官房内閣人事局人事政策統括官	17年 11月	明治安田生命	顧問
山下史雄	58	警察庁生活安全局長	18年 11月		公法人第二部顧問
川上幸男	61	四国財務局管財部長	18年 11月		公法人第一部顧問
北崎秀一	59	総務省自治行政局長	19年 11月		顧問
武内良樹	60	財務省財務官	20年 12月		顧問
正木孝恒	60	東京地方検察庁事務局長	21年 6月		顧問
吉田正紀	60	財務省大臣官房付	21年 9月		顧問
赤穂敏広	58	総務省大臣官房付	20年 11月	住友生命	顧問
平下文康	60	文部科学省大臣官房付	21年 7月		顧問
宮田裕州	60	文部科学省大臣官房付	20年 4月	富国生命	総合営業推進部顧問
遠藤俊英	61	金融庁長官	20年 11月		顧問
伊東元一	58	財務省大臣官房付	20年 1月	大樹生命	公共・広域法人営業顧問
藤堂秀和	60	水戸地方検察庁事務局長	21年 7月		顧問
春原和彦	58	金融庁監督局総務課金融会社室長	18年 10月	ソニー生命	担当部長
福谷岳史	59	金融庁検査局総務課特別検査官	18年 2月	オリックス生命	監査部部長
長岡宏幸	58	金融庁監督局主任統括検査官	20年 9月	SBIインシュアランスグループ	執行役員
鶴見佳久	56	金融庁検査局総務課主任統括検査官	17年 10月	SBI生命	執行役員兼 経営企画部長

（注）年齢は離職時　（出所）内閣人事局の資料などを基に東洋経済作成

大物を並べるSBI

新生銀行のTOB（株式公開買い付け）をめぐっても、財務省、金融庁のOBを大量に受け入れるその距離の近さが注目を集めた。

22年2月8日の臨時株主総会を経て新生銀の会長に就いたのは、五味廣文・元金融庁長官だ。

そもそもSBIグループは、持ち株会社の社外取締役に元金融担当相の竹中平蔵氏、元財務次官の福田淳一氏、元農林水産次官の末松広行氏という大物がずらりと並ぶ布陣だ。

生損保事業を展開するSBIインシュアランスグループでは、金融庁OBの乙部辰良氏が会長兼社長に就いているほか、傘下のSBI生命では、同OBで過去に保険課長を務めた小野尚氏が社長を務めている。

「とくに局長級以上の金融庁OBは、ちょっとした獲得競争になっている面がある」と大手生保の幹部は苦笑する。

今後生保業界への天下りは一段と過熱するかもしれない。

（中村正毅）

【週刊東洋経済】

本書は、東洋経済新報社『週刊東洋経済』2022年2月26日号より抜粋、加筆修正のうえ制作しています。この記事が完全収録された底本をはじめ、雑誌バックナンバーは小社ホームページからもお求めいただけます。

小社では、『週刊東洋経済 eビジネス新書』シリーズをはじめ、このほかにも多数の電子書籍ラインナップをそろえております。ぜひストアにて「東洋経済」で検索してみてください。

『週刊東洋経済 eビジネス新書』シリーズ

No.385 大転換の商社ビジネス

No.386 会社とジェンダー

No.387 全解明 経済安全保障

No.388 ソニー 掛け算の経営

No.389 2050年の中国〔前編〕

No.390　2050年の中国〔後編〕
No.391　相続の新常識
No.392　無敵の文章術
No.393　物流 頂上決戦
No.394　すごいベンチャー2021〔前編〕
No.395　すごいベンチャー2021〔後編〕
No.396　米国株 超入門
No.397　ビジネスと人権
No.398　無敵の話し方
No.399　EV 産業革命
No.400　実家のしまい方
No.401　みずほ　解けない呪縛
No.402　私大トップ校　次の戦略
No.403　ニッポン再生　7つの論点

No.404　マンション管理
No.405　学び直しの「近現代史」
No.406　電池　世界争奪戦
No.407　定年格差　シニアの働き方
No.408　今を語る16の視点　2022
No.409　狙われる富裕層
No.410　ライフシフト超入門
No.411　企業価値の新常識
No.412　暗号資産&NFT
No.413　ゼネコン激動期
No.414　病院サバイバル

週刊東洋経済eビジネス新書　No.415
生保　最新事情

【本誌（底本）】
編集局　中村正毅、高見和也、山田雄一郎
デザイン　池田　梢、小林由依、藤本麻衣
進行管理　下村　恵
発行日　2022年2月26日

【電子版】
編集制作　塚田由紀夫、長谷川　隆
デザイン　大村善久
制作協力　丸井工文社
発行日　2022年12月22日　Ver.1

発行所　〒103-8345
東京都中央区日本橋本石町1-2-1
東洋経済新報社
電話　東洋経済カスタマーセンター
03（6386）1040
https://toyokeizai.net/
発行人　駒橋憲一
©Toyo Keizai, Inc., 2022

電子書籍化に際しては、仕様上の都合などにより適宜編集を加えています。登場人物に関する情報、価格、為替レートなどは、特に記載のない限り底本編集当時のものです。一部の漢字を簡易慣用字体やかなで表記している場合があります。本書は縦書きでレイアウトしています。ご覧になる機種により表示に差が生じることがあります。

本書に掲載している記事、写真、図表、データ等は、著作権法や不正競争防止法をはじめとする各種法律で保護されています。当社の許諾を得ることなく、本誌の全部または一部を、複製、翻案、公衆送信する等の利用はできません。

もしこれらに違反した場合、たとえそれが軽微な利用であったとしても、当社の利益を不当に害する行為として損害賠償その他の法的措置を講ずることがありますのでご注意ください。本誌の利用をご希望の場合は、事前に当社（TEL：03-6386-1040もしくは当社ホームページの「転載申請入力フォーム」）までお問い合わせください。

※本刊行物は、電子書籍版に基づいてプリントオンデマンド版として作成されたものです。